AF315534

Analyse du Thème

de quelques Redoublements brisés
qui sont communs
à l'idiome Basque, à la Langue Latine
et aux autres Langues indo-européennes.

PAR

J.-B. DARRICARRÈRE

*Capitaine des Douanes
en retraite*

2, route de la Révolte, ST-DENIS

PREMIÈRE PARTIE

Forme actuelle et signification
du Thème
des redoublements brisés qu'il y a lieu
d'analyser

Dans l'idiome basque, dans la langue latine et dans les autres langues indo-européennes, les redoublements brisés que l'on se propose d'analyser se présentent à l'observation sous les formes ci-après :

Ar-ma, ar-na, ber-ma, ber-na, er-ma, er-na, fer-ma, fir-ma, fre-ma, per-ma, per-na, perre-ma, pri-ma, etc.

I. — *Les redoublements brisés des différents dialectes basques*

Grâce à son antique culture, la langue basque fait le plus légitime usage de ces redoublements ; en voici quelques exemples :

Arma-gi-a, « le sexe »
Arma-zagi-a, « l'étalon » ;

Arnaŕi, dans le composé *bago-arnaŕi*, « fruit du hêtre » — faîne (1).

Berma, « l'effort corporel qu'exigent certaines actions » ;

Berma-tu, *bermă-tz*, « s'efforcer, s'évertuer » ;

Bermantza, « l'effort » ;

Berme, « caution, soutien, appui » ;

Berna, « jambe » ;

Bernada, « coup sur la jambe » ;

Ermaiño, « infirme » ;

Erna, « pousser » ; on le dit des plantes ;

Ernagi, « animal en état de gestation » ;

Ernaldu, ernaltu, « devenir pleine, concevoir » ; on le dit des femmes et des femelles d'animaux ;

Ernaija, « maîtresse poutre qui support la toiture d'une maison » ;

Ernaŕi, « embryon » ;

Erne = erna ;

Erne, « vif, alerte, éveillé » ;

Feŕma = berma ;

Feŕmo, fermu = berma ;

---

(1) Dans le système orthographique basque r se prononce comme le premier r de rare et ŕ comme le second r de rarement..

Firmo, « greffe végétale » ;
Perma = *pherma* = *berma* ;
Perna, « jambe » ;
Subermatu, subermatze, « attiser le feu ; provoquer une querelle » ;
Subermatzaile-a, « celui qui attise le feu ; celui qui provoque une querelle ».

II. — *La langue latine a conservé quelques-uns de ces redoublements. C'est Michel Bréal, le savant auteur du « Dictionnaire étymologique latin », qui a enregistré les suivants.*

Firmus, a, um, ferme, solide ;
1 firmitas, ātis, fermeté ;
2 firmo, as, affermir ;
Firmãmen, appui ;
Fimamentum, support ;
Af-firmo, as, affirmer ;
Af-firmãtio, onis, affirmation ;
Con-firmo, as, confirmer ;
In-firmus, a, um, faible ;
In-firmo, as, affaiblir ;

« Ferme signifiait d'abord « sûrement, à coup sûr. »

« Firmus est pour une ancienne forme * fermus.

« La racine se retrouve en sanscrit
sous la forme *dhar* « tenir, soutenir. »

III. — *Les autres langues indo-européennes possèdent une collection considé-
rable de redoublements brisés.*

Dans ce petit travail on ne peut rappeler que quelques-uns des plus intéres-
sants.

Espagnol : *alza prima*, « levier »;
pierna, « jambe », *hembra*, « femme ».

Français : *femme, ferme, infirme.*

Gascon : *fermantso*, « caution d'une
commune ». (Terme de droit coutumier.)

Hausse-prime, « levier »;

Hëmblë, « femme » (1);

Perrema (se *perrema*), « se camper
solidement sur ses jambes, soit pour résister à une pression, soit pour traîner
un poids, soit pour se battre une arme à
la main, etc. ».

Italien : *firmu* = le latin *firmus.*

Provençal : *frema*, « femme », etc.

---

(1) Ce mot se prononce comme le français
humble, mais en aspirant l'*h* initial.

IV. — Restitution du Thème des redoublements brisés présentés ci-dessus

Les redoublements brisés dont il s'agit doivent, tout d'abord, être restitués comme il suit :

Ara-mara, bara-mara, ere-mara, feremara, firi-mara, firi-miri, piri-mara, pirimiri, para-mara.

On admettra. sans nul doute que les composés où figurent les voyelles *e* et *ë* procèdent de racines dans lesquelles entrait autrefois. la voyelle *a; e* et *ë* seraient donc des affaiblissements de *a*.

V. — *Signification du thème de ces redoublements*

'On sait — parce que la langue gasconne permet de le constater — que le thème du composé *perremar* (restitué ici *para-mara*) signifie se camper sur ses jambes etc.; et l'on est amené à dire que c'est le sens du mot « jambe, griffe », etc., qui explique les formations précitées.

Pourtant il faut bien avouer que toutes

les formations dont il s'agit sont tron-
quées et il convient de faire ressortir que
la langue basque et les autres langues
indo-européennes présentent précisément
avec la valeur du français « jambe,
griffe, essieu, pied, articulation » des vocables similaires probablement complets,
notamment les suivants : *kartza-katze*
(basque) fouler aux pieds; *kartze-gar*
(corse) même signification; *axe, boxe*
(français) *axis, ursus* = *urcsus* (latin),
etc.

Malheureusement, dans ces vocables
les contractions *tza, tze, xe, xi, csu* atten-
dent encore une explication satisfaisante
et l'on se demande s'il est possible de
restituer ces racines contractées et pour
ainsi dire écrasées.

Il semble que cette question s'adresse
surtout à ceux qui étudient patiemment
la langue basque.

Heuskaltzale erneetan bai othe da horbait
bere hezuretan zut hizkuntza kartzakatu hoikiek
ezartzefat hafiko denik ?

Imprimé
sur les Presses de la Maison
Ch BRUNTZ, Imprimeur
3 & 5, Place Jean-Jaurès, 3 & 5
Saint-Denis

—

1923

Seconde partie

Il y a lieu de rechercher patiemment les composantes des thèmes que l'on distingue dans les redoublements brisés qui ont été cités dans la première partie.

I. — Les thèmes qu'il est urgent de restituer sont ceux des mots suivants : *Kartzakatze, Kartzegar, axe, boxe, axis et ursus.*

Parmi les nombreux lexicographes dont les ouvrages sont catalogués à la Bibliothèque Nationale de Paris, il n'en est pas un seul qui ait fait connaître au public la composition des thèmes que l'on distingue dans les vocables :

Kartza-katze, de l'idiome basque ;

Kartze-gar, du dialecte italien parlé dans la Corse ;

Axe et *boxe,* de la langue française ;

Axi-s et *ursu-s,* de la langue latine.

Les lexicographes dont il s'agit n'ont peut-être pas osé entreprendre cette besogne ardue.

Cependant, après avoir étudié longuement quelques langues indo-européennes et notamment le basque et les patois romans, nous croyons de notre devoir d'essayer de remonter jusqu'à la source des thèmes des vocables précités.

II. — Dans le labeur que nous avons

assumé, il est convenable de présenter ces vocables deux par deux, comme il suit :

1. *Axe* et *axis*. En basque-labourdin, on nomme *haza* la pièce de fer qui passe par le centre des roues, et qui sert à les faire tourner sur elles-mêmes. Il est sans doute intéressant de noter que, naguère, chez les basques du Labourd, cette pièce était en bois, et qu'on l'enchâssait à demeure au centre des deux roues, lesquelles étaient également faites en bois, et convenablement ferrées. Il s'ensuit que les dites roues tournaient comme tournent actuellement les roues des vagons et des locomotives.

Tout le monde peut constater que le substantif basque *haza* offre une ressemblance frappante avec le français *axe*, le latin *axis*, le sanscrit *aksha-s*, l'allemand *achse*, le gascon *eche*, etc.

Le thème de ces cinq derniers vocables sera examiné plus loin, dans le même cadre que le thème de *Kartza-katze*.

2. *Boxe* et *ursus*. Le substantif *boxe* (action de boxer, c'est-à-dire se battre à coups de poing, à la manière des Anglais) doit être lu *bokse*. Nous allons le restaurer tout de suite, avec le latin *ursus*. On sait que le substantif *ursus* a déjà été présenté, sous la forme hypothétique * *urcsu-s* par le lexicographe Bréal. Il est composé des mêmes racines que le mot basque

fruntsu, qu'il faut restituer ainsi * *furu-nu ku-tsu*, « griffe, main, pouce, etc. ».— On sait également que, en grec, l'ours est nommé *arktos*, et, en sanscrit, *riksha-s*. D'autre part, personne n'ignore que *ursus* est le nom sous lequel les Romains connaissaient l'ours, et que les Basques cis-pyrénéens donnent à ce carnassier le même nom, sous l'une de ces formes rivales *hartza*. On verra bientôt que ce mot signifie également « griffe ».

Quant au mot *boxe*, il nous semble que ce vocable doit être restitué : * *buru-nu-ku-tsu*, et nous voyons dans ce composé une expression en tout semblable au latin *pugnu-s* « poing », qui descend en droite ligne du prototype * *furu-nu-ku-tsu*, avec déplacement de la nasale *n*, cela va de soi.

Sans tarder davantage, constatons donc que les composés * *furu-nu-ku-tsu*, * *buru-nu-ku-tsu* et * *puru-nu-ku-tsu* sont, sans le moindre doute, des variantes du prototype * *kuru-nu-ku-tsu*.

C'est aussi à ce prototype qu'il faut ramener les thèmes des vocables ci-après : *bortz* « cinq »; *muriz-ukaldi* « coup de poing »; *urthuts* « nu-pieds »; *onstu* « volé, filouté », de l'idiome basque; *foot* « pied », de la langue anglaise; *fuss* « pied » de l'idiome allemand, etc.

3. *Kartza-kartze, Katze-gar*. Ces substantifs verbaux ont le même thème et la même signification « Fouler aux pieds », etc.

On constatera tout à l'heure que le thème *Kartza*, et ses variantes, trouvent emploi aussi bien dans les langues dites néo-latines que dans les dialectes de l'idiome basque.

Le lexicographe Raynouard a été probablement le premier à enregistrer le provençal *caussigar*, qui signifie « Presser du pied, Fouler aux pieds, Récalcitrer, Regimber ».

Après lui, le docteur Honnorat a enregistré les variantes *chaussiar* et *paussigar*, avec les acceptions déjà rapportées par Raynouard, mais en les complétant par les formations similaires *calcigar*, de l'ancien catalan, et *calcicare*, de l'ancien italien.

III. — Examen des substantifs verbaux *Kurtzakatze*, *Kartzegar*, *caussigar chaussiar calcigar* et *calcicare*.

Les vocables ci-dessus, divisés en trois parties, comme il suit :

3	2	1
Kartza	— ka	— tze,
kartze	— ga	— r,
caussi	— ga	— r,
chaussi	— a	— r;
calci	— ga	— r,
calci	— ca	— re,

présentent respectivement, sous la forme 1 : — *tze, r* et *re*, deux suffixes caractéristiques des substantifs verbaux ; et sous la forme 2. — *ka*, — *ga*, — *a* et — *ca*, une racine, dont la composition et la valeur significative sont loin d'être connues. — Il est, croyons-nous, fort utile d'annoncer que dans tous les verbes basques *synthétiquement conjugués*, cette racine (ou ce vocable) sous la forme *ka*, quelques fois affaiblie en *ta*, et le plus souvent en *ki*, est obligatoirement employée. En voici quelques exemples :

Zitzazkidaketena-n « ils pouvaient me les donner (je te le dis, ô femme) » ;

Baderama-ka « il l'emporte » ;

Badagidizki ke « il peut certainement les faire » ;

Daukazki-da-t « il me les donne ».

Il est temps d'aborder la forme 1, c'est-à-dire la partie principale des six vocables précités.

Les thèmes les mieux conservés, *Kartza. Kartze*, sont certainement des contractions du composé * *Kara-na-ka-tza*.

C'est aussi à ce composé qu'il nous faut rattacher le basque *atza* = *hartza*; et de plus le français *axe*, le latin *axis*, le sanscrit *aksha-s*, l'allemand *achse*, et le gascon *eche*. (Pour les multiples acceptions des mots *atza* = *hartza*, voir à la 18ᵉ page).

Il y a lieu également de faire remarquer que le prototype * *Kara-na-ka-tza* n'est pas isolé, attendu que, à ce composé à l'aide de la voyelle sonore *a*, correspondent deux formations rivales : en premier lieu le prototype par la voyelle sombre *u* : * *Kuru-nu-ku-tzu*, qui a été mentionné ci-dessus ; et en second lieu, le prototype par ·la voyelle aiguë *i* : * *Kiri-ni-ki-tzi*, dont le lexique basque, et,le·vocabulaire des langues romanes, possèdent plusieurs exemples.

Sans sortir des limites ·de notre·petit ·cadre, nous pouvons signaler de ce proto· type, quelques descendants authentiques ; les voici tenant la première place, dans les quatre composés :

Grim-pa-Jesu « agent de police », (du provençal des Basses-Alpes) ;

Gri-p-Jesu « sergent de ville » (du gas·con de Bayonne) ;

Zi-miko « pinçade » et *zi-mintza* « punaise » (des dialectes basques).

Il est nécessaire, en outre, de constater :

1° Que le prototype·* *Kara-na-ka-tza* se contracte et s'affaiblit dans les mots bas·ques ci–après : *martza-ka-tu* « foulé aux pieds, piétiné, écrasé » ; *altza* « griffe, main » dans le composé *altz-eman* « pris, capturé, trouvé », *altza-gari* « levain » ; *zafla-ko, tapalako,* « soufflet, horion ».

2° Que le même prototype devient *calci,* dans le catalan et dans l'italien archaïques.

Et 3° que le vocabulaire latin ·le conserve, sous la forme violemment contractée *cal,* dans les mots *cal-co* *cal-care,* etc.

Dans le thème du provençal *chaussi-a-r* ·qu'il y a lieu de restituer * *chara-na ka-tza,* il faut noter la chute de la consonne *r* et des lettres *na* et *k,* et l'affaiblissement de la voyelle *a* en *u* et de la racine *tza* en *ssi.*

Quant au changement de la racine initiale *kara* en *chara* = *zara*, la langue basque en offre un exemple dans le vocable *zar-tza-ka* = *žar-tza-kä* « morcelé, déchiqueté, mal taillé » (en parlant des arbres).

IV. — Quelques mots basques que les lexicographes voudraient sans explication aucune, inscrire à l'actif du vocabulaire latin.

Voici quatre mots basques que les lexicographes voudraient, sans explication aucune, rattacher à des expressions latines :

Halta-tu « élevé, placé plus haut »,

Altza-tu « soulevé, mis en réserve; élevé (au propre et au figuré) » ;

Halto, dans *itsaso halto-ko araina*, « le poisson de la haute mer » ;

Hautina, dans *mahats hautina* « vigne cultivée sur échalas ».

On a dit et répété, que ces vocables dérivent du latin *altus* « qui a grandi, haut, profond' ».

Il est facile de démontrer que c'est là une erreur palpable, car, si, dans le latin *altu-s* et dans le grec *an-altos*, la consonne *l* est primitive, il n'en est pas de même de la consonne *l* des mots basques *altzatu*, *haltata* et *halto*. Dans ces vocables la consonne *l* est incontestablement une dégénérescence de la consonne *r* grasseyée.

Au surplus, une autre différence, bien plus saillante, existe entre les dérivés de de *al-o*, *al-ere* « nourrir, se nourrir, grandir », du latin, et les dérivés du basque *altza* « levé, élevé, mis en réserve », etc. ; car tout linguiste peut constater, avec nous, que, ni *altu-s*, qui a commencé par être un participe passé de *al-o*, ni aucun autre dérivé, ni aucun composé de *al-o*, n'offre la moindre trace de la finale contractée *tza*, du basque, qu'il nous a été donné de restituer sous le prototype * *Kara-na-ka-tza* (v. p. 11).

Il est donc prouvé que les vocables du latin *alo*, *altus*, etc., n'ont *sous leur forme classique bien connue*, absolument rien de commun avec les mots basques *altza-tu*, *halta-tu* et *halto*.

V. — Les redoublements brisés *hembra* (de l'espagnol), *hémble* (du gascon), *frema* (du provençal), *hamar* et *berma* (du basque), dûment restitués.

Avant de terminer, il est sans doute instructif de reprendre quelques redoublements brisés et de leur redonner leur physionomie première, laquelle jusqu'à l'heure actuelle, est restée inconnue.

On estimera probablement avec nous, d'une part, que les substantifs *hembra*, de l'espagnol, *hémblé*, du gascon, et *frema*, du provençal, qui désignent également *la femme*, sont des contractions du composé *hara-na-ka-tza* + *mara-na-ka-tza*, ou de sa variante *fara-na-ka-tza* + *mara-na-ka-tza* ; et d'autre part, que pour arriver sans trop de peine, à établir la valeur significative de ces vocables, il suffit de se rappeler que le verbe gascon *perrema*, se *perrema*, veut dire « se camper solidement sur ses jambes, faire effort pour résister », etc.

Il résulte de ce qui précède que la femme, pour les ancêtres linguistiques des Espagnols, des Gascons et des Provençaux était l'être en état de gestation, c'est-à-dire la personne qui fait des efforts (sur ses jambes) pour porter l'enfant dans son sein.

Il n'échappera à personne que le latin *mulier* « femme », et le basque *emasteki* « femme », — bien que ces deux langues fassent partie de la famille indo-européenne — ont remplacé par des expressions particulières, l'ancien terme indo-européen désignant la femme : sanscrit *gani* ; grec *guné* ; gothique *quéns*, etc.

Hamar est un adjectif numéral basque dans lequel il faut voir une contraction bien forte du redoublement * 1. *hara-na ka-tza* + 2. *mara-na-ka-tza*.

Voici, d'ailleurs, les diverses significations que ce composé a successivement cumulées : 1. griffe, main, cinq, + 2. griffe, main, cinq.

Dans l'idiome basque, *hamar* a donc signifié tour à tour : griffe, main, cinq, plus griffe, main, cinq ; et c'est de ce redoublement qu'est résulté le composé *hamar*, qu'il faut traduire en français par le nom de nombre *dix*.

Berma. Parmi les dérivés de ce mot le vocabulaire basque place le substantif verbal *berma-tze* (= *perma-tze*). Il a été annoncé que ce vocable réunit les acceptions ci-après : « s'efforcer, s'évertuer, se camper solidement sur ses jambes », etc. On aura, certainement, remarqué que le substantif verbal gascon *perrema* (r), se *perrema* (r); accuse absolument les mêmes acceptions que le basque *berma-tze*. Il faut donc admettre que ces vocables ont le même thème redoublé et brisé et la même origine. Par conséquent, force nous est de les rattacher au même prototype : * *Para-na-ka-tza* $+$ *mara-na-ka-tza*.

VI. — Une erreur des grammairiens basques qui enseignent que la flexion verbale *deza* est un verbe auxiliaire, et que l'origine de *deza* est le vocable *ezan* qui ne signfie rien *per se*.

La Grammaire publiée à Bayonne (sous le titre *Grammaire basque, Dialecte Labourdin, par l'abbé Ithurry, curé de Sare.* Imprimerie A. Lamaignère, 1895, et Imprimerie Foltzer, 1920), a présenté la flexion *deza* comme un verbe auxiliaire provenant de l'infinitif capital *ezan*, dont on ignore la signification.

Et le même grammairien ajoute que selon Oyhenart et l'abbé Inchauspe, *ezan* ne signifie rien *per se*.

Il nous semble utile de combattre ces appréciations et de répliquer : 1º C'est à tort que *deza* a été dénommé auxiliaire ; 2º *deza* est, en réalité, la flexion d'un verbe dont le thème n'a pas été encore signalé ; Et 3º *deza* est, sans contredit, composé de deux parties juxtaposées, mais absolument distinctes. Dans la première partie la consonne *d* est l'initiale du pronom de la 3e personne et, à la place qu'elle occupe, la consonne *d* est un affaiblissement de la consonne *z*. Les basquisants savent que ce pronom a été *fort heureusement* identifié, il y a une trentaine d'années, par deux savants linguistes, MM. H. Schuchardt et Julien Vinson (Voir la *Revue de Linguistique* du 15 avril 1894).

A notre tour, il nous faut ajouter que $d = z$, représentant le pronom de la 3ª personne, *dans la flexion verbale basque,* présente une leçon bien mieux conservée dans les flexions de l'auxiliaire être ci-après : *ez nintzande ausart.* « Je ne serais point hardi» (Leizarrague I. Rom., 15. 18); dai*teke* « il peut être »; *zitzai-kajo-keen* « il pouvait lui être »; *befeitez* « qu'ils soient ».

Il convient aussi de constater que, dans les vocables précités, le pronom de la 3e personne est transmit tour à tour *tza, da* et *fe.* Il est donc certain que les trois consonnes *tz, d* et *J* permutent entre elles dans la flexion verbale.

Dans la seconde partie, le composé *eza* est un vocable dans lequel nous avons reconnu, il y a bien longtemps, l'un des affaiblissements du substantif *atza* = *hartza* = *kartza*, lequel cumule les acceptions ci-après : « griffe, main, pied, serre, articulation, axe, essieu, croc, crampon », etc.

On peut aussi constater, avec nous, que, au point de vue phonétique et sémantique, le vocable *atza* = *kartza* est véritablement prolifique puisqu'il figure dans le substantif verbal *kartzakatze*, et que l'on en constate l'existence notamment dans les quatre flexions verbales ci-après :

1. *Datzakajo zerbaiti* « il s'agrippe à quelque chose ».

2. *Badietzakitzuket* « je puis certainement vous les donner ».

3. *Atzipetu duzu* « vous l'avez volé ».

Les romanisants se souviendront, à coup sûr, que le gascon traduit cette phrase comme il suit : « que l'abets gatchipat » ; et il faut ajouter ici que le basque *atzipe*, et le gascon *gatchipa*, sont apparentés au verbe *chiper* du langage des écoliers français.

4. *Bada zembeit zuk baino gutiago dezake-enik* ; « il en est quelques-uns qui peuvent moins que vous » ; en d'autres termes : il est quelques personnes qui

ont moins de ressources que vous ».

Enfin, c'est encore le même thème verbal *atza* = *kartza* que l'on voit dans les participes passés par lesquels ce travail va être complété.

Kartza-ka-tu « foulé aux pieds ».

Altza-tū « levé, soulevé, réservé », etc.

— *Hartsi-tu* « ébouriffé, dilaté », *hazi* « nourri ». — *Atzeman* = *altzeman*, = *antzeman*, « trouvé, capturé »; *azpil-du* « ourlé, plissé »; *atziki* « tenu, possédé »; *era-tzi-ki* « joint, soudé, rattaché », etc. ; — *Karta-mintzatu*, « égratigné », etc.

En terminant, il nous faut présenter une dernière observation à MM. les basquisants.

Par suite de métathèses, de contractions et d'affaiblissements, l'étude de la conjugaison des verbes qui ont donné les flexions *zitzazkidaketenan*, *datzakajo*, *badietzakitzuket* et *dezake*, est hérissée de difficultés.

VII. — Conclusion

La conclusion de ce travail est simple, en voici le résumé :

Nous croyons avoir bien établi que les redoublements brisés, réunis dans cet opuscule, sont communs à l'idiome basque, à la langue latine, et à d'autres langues également indo-européennes.

Par conséquent, nous pouvons dire, sans crainte de nous tromper, que ces redoublements procèdent d'un fonds linguistique, qui, dans les temps qui ont précédé toute histoire connue, était commun aux ancêtres-linguistiques des Basques, des Romains, et sans doute, aux ancêtres linguistiques de tous les peuples qui, actuellement, parlent une langue de la famille indo-européenne.

TABLE

Imprimé sur les presses de l'Imprimerie
J. Dardaillon, 47, Boulevard Châteaudun, St-Denis
1923